JN440179

김상화 시집

# 조각보 프리즘

문학사계

# 머리말

여자라고 해서 무조건 양보해야 하는 경우가 다반사였습니다. 올라가지 못할 나무는 쳐다보지도 말라는 말을 귀가 따갑도록 들었지만 언제까지나 순응하기만 할 수는 없었습니다. 오르지는 못한다 할지라도 높은 나무를 오르는 꿈을 꾸면서 살았습니다.

나도 할 수 있다는 마음으로 나뭇잎 사이로 열린 높푸른 하늘을 우러러보곤 했습니다. 유리알처럼 파랗게 갠 하늘이 희망을 주는가 하면, 둥둥 떠가는 뭉게구름은 상상을 부풀게 하기도 했습니다. 흰 구름을 이고 서 있는 미루나무의 잎들은 나풀나풀 반짝이면서 꿈을 잃지 말라고 손짓을 하는 것만 같았습니다.

시냇물이 흘러서 강을 이루고, 강물이 바다로 향하듯이 인생의 흐름도 인연 따라 넓어지고 깊어지는 것 같습니다. 소중한 인연의 축복에 감복하고 감사할 따름입니다.

아직도 미흡하지만 시집이 탄생된다고 생각하니 부모님 생각이 앞섭니다. 부모님의 어진 언행과 훈육이 많은 도움이 되었다는 생각이 들기 때문입니다. 늦깎이로 공부하는 게 힘들어보였는지 그이와 아이들까지 적극적으로 도움을 주어서 고맙게 여기고 있습니다.

훌륭하신 스승님과 문학가족 여러 선배들께서 용기와 희망을 주신데 대해 마음깊이 감사하고 있습니다. 앞으로 올라가지 못할 나무 밑에서 서성이면서도 희망의 꿈을 잃지 않고 더욱 분발하여 시의 밭을 비옥하고 아름답게 가꾸겠습니다.

촛불처럼 스스로 연소시켜서 문채 선명한 작품을 남기고 싶습니다. 부족하지만 애오라지 제 시를 사랑하는 분들과 함께 마음의 축배를 들고자 합니다.

단기 4346(서기 2013)년 봄이 오는 길목에서
솔빛 김상화 삼가

## 김상화 시집 | 차례

Ⅲ. 한지의 뿌리



Ⅳ. 투명한 목소리

# I. 그리움이 타는 강

# 조각보

상처투성이 조각 천들이
하나의 모자이크를 이루고 있네.

한잎 두잎 연결된 조각밥상보
한평생 함께 사는
실과 바늘이 배필이라네.

정교한 기능으로
한 땀 한 땀 수를 놓았으리.

칠남매 조각보 하나하나
모성의 정성이 스며있다네.

세월 흘러도 변함없는 삼베밥상보
가슴에 안고 눈물 흘리네.

# 그리움이 타는 강

자갈들은 물속에서도
물 밖에서도 부락을 이루고

무서움을 모르는 우리들은
물속의 자갈들을 모아
성을 쌓았다.

물속의 성 위에서 뜀뛰기 한다.
강물 속의 즐거움에 지쳐
물 밖에 나올 때면

자갈들은
겨울 안방 아랫목같이
달구어져 따끈함에 자갈 위를 뒹군다.
뜨겁게 내리쬐던
태양이 꿈처럼 가물거린다.

부락을 이루고 살던
친구들도 그리움에 가물거린다.

# 놋숟가락

주인 잃은 놋숟가락 한 벌
고운 명주 천에 싸인 놋숟가락이
눈물로 세월을 보내고 있네.

전장에서 영영 소식 없어
할머님의 가슴에 자주 안겼지.

살아서 돌아오리라, 돌아오리라!
기원하신 할머님은
세월 흘러도 감감 소식에
가슴앓이 검은 속 태우시며
우리에게 하신 말씀 또 하신다.

살아오리라 믿었지만
하늘나라에서 만나셨는지
녹슨 놋숟가락만이 주인을 기다리네.

# 놋요강

깨어진 잿빛 기왓장 주워서
돌멩이로 찧어 가루 만들어
지푸라기로 반짝반짝 빛나게 닦는다.

할머니의 칭찬은
할머니의 간식인 엿이나 떡으로 대신한다.

아침에 비우고 밤에 채우는
놋요강은 밤사이에 사랑받는다.

작고 예쁜
증조할머니의 놋요강은
가래침 전용
큰 요강은 친할머니와 우리들 전용

황금빛 놋요강은 밤의 지킴이
세월이 흘러도 닦으면 빛나건만
증조할머님의 무덤은 풀만 무성하다.

# 철모 두레박

우물 속에는
맑은 물이 있었네.

맑은 물을 길어 올리던
두레박이 있었네.

주인 잃은 철모로 만든
두레박이 있었네.

온가족이 퍼 올리던
귀한 젖줄이 있었네.

철모의 주인은
나라 위해 목숨 바친 국군아저씨
씩씩한 사나이 나라의 아들

주인 잃은 철모가 녹슬어 있었네.
세월과 함께 아픔을 견디면서
우물가 불두佛頭 곁에 녹이 슬어 있었네.

## 석탄

수억 연륜이
불의 알로 태어났다.

광부들은 산파인가
이마에 구슬땀을 흘린다.

불의 알은
용광로 불꽃으로 살아나
검붉은 화염으로 꽃핀다.

땅속에서 깨어난 검은 목숨들
세상을 따뜻하게 덥혀주며
붉은 혀를 드러낸다.

용광로에서 불 알이 살듯
가슴속 불꽃은 꺼지지 않으리.

## 고물상

빛 잃은 무채색들이 모여진
주검들의 보관소
버려진 장기들이 널려 있다.

죽음에서 깨어나기를 기다리는 부속품
다시 찾을 부활을 숨죽이며
재생의 길을 꿈꾼다.

예리한 눈길을 기다리면서
또 다시 보람을 찾아 기다림의 손길
고통의 하루하루 새 주인을 기다린다.

죽음의 깊은 잠을 깨어나기 위해
빛을 찾을 무지개 꽃향기
실다란 희망에 목을 건다.

## 공기놀이

앙증스런 조약돌 다섯
손재주를 키워주었다.

다섯 개의 손가락과
구슬처럼 예쁜 돌이 다섯

손바닥에서 손등으로 오르내리며
돌들은 높이뛰기 춤을 추었다.

하나 줍기…
둘 줍기…

친구들과 재미에 빠져
엄마가 부르는 소리에도
시간 가는 줄 몰랐는데
속에서는 쪼르륵 소리가 났다.

공기놀이 하는 날은 혼나는 날
친구들이 그리워지는
동심의 세계로
가슴속 물안개 공깃돌이 구른다.

# 메밀베개

메밀베개 베고 잠들면
안개 깔린 메밀 꽃밭을 거닌다.

달빛 별빛 동거하면
소금을 뿌린 듯
바람에 살랑이며 유혹하더니

꿈나라에서
안개꽃 같은 메밀 꽃밭에서 노닐고
겨울밤 메밀 묵 사려
골목길 외치던 창연한 목소리

아련한 꿈결 속에
동쪽의 햇살이 피어올라도
소금밭 반짝이는
보석들의 희망을 안고
행복의 꿈을 꾸며

반복되는 세월을
빈 껍질의 베개에서
메밀꽃들의 추억이

밤마다, 밤마다.
꿈속에서 반짝 반짝
소금밭 거닌다.

# 바위산

유구한 세월에 시달려
바위의 모습이 구겨지고 바래져서

신비의 혼돈으로
세월을 머금은 주름살에 검버섯이 피었다.

세월의 무게만큼
검버섯은 이끼 낀 청태

어느새 수려한 바위산은
청태가 세월을 증언하고 있다.

우람하고 수려함을 자랑하던
바위산에 뿌리 뻗은 소나무

얼싸안고 포옹하며
천년의 분재를 이루었다.

꽃구름이 온 천지를 덮고
눈꽃들이 춤을 추며 바위산을 지난다.

소나무 분재는 암벽 끝에 좌정하고…

## 시어詩語

황금알 낳는 시어들이
제몫을 못 한 채 가방 속에서 뒹굴고 있다.

시어들은 서로의 인연을 찾지 못한 채
암벽 이리저리 발버둥친다.

아름다운 시어들이 궁합을 맞추기 위해
가방 속 메모지에 씨알을 뿌린다.

메모를 놓치면 찰나의 인연을 놓치고
절망의 늪에서 방황한다.

시어들의 인연을 찾아
가방 속에서 정을 나누며
연금술로 잉태의 꿈을 키운다.

# 배가 부르다

들판의 황금물결을 보니
배가 부르다.

어린 시절 나락 벨 때 점심시간에
물주전자 술 주전자 들고 따라가
일꾼들 곁에서 밥 먹던 생각하면
배가 부르다.

삼정승이라고 일컬은 밤 감 대추
뜻을 생각하면서 희망의 꿈을 꾸면
배가 부르다.

고구마도 없어서 못 먹던 시절
운동회 날 만큼은 운동장 모퉁이에서
신나게 서로 나누어 먹던 추억에
배가 부르다.

무지갯빛 찬란한
풍요의 열매들을 생각하면
저절로 배가 불러온다.

# 더벅머리

남한강 물줄기 따라
노랫소리 은은히 들린다.

5월의 푸르름에
까닭모를 기쁨이 솟구치는 것은
향기를 뿜어내는 꽃과 물줄기…

옹기종기 모여 노는 찔레꽃들이
가까이 오라고 손짓한다.

뱀 나온다고 겁을 주다가
찔레 순 꺾어 주며
해맑은 웃음으로 유혹하던
추억의 그림자…

첫사랑 더벅머리는
가시덤불 같은 세상 잘 살고 있을까.

# 조약돌

내가 강물 속 조약돌이라면
부드러운 물결과 살으리.

물소리에 젖어 살다
물결에 씻기고 씻겨서
매출한 바둑알이 되리.

나를 즐겁게 해주는
작고 큰 생명체들과 정을 나누다보면
세월 가는 줄도 모르리.

내가 강물 속 조약돌이라면
부드러운 물결과 함께 살으리.

# 언약

남산의 보름달을 보면서
청춘남녀들이 자물쇠의 잠금으로
사랑의 약속을 한다.

수많은 언약의 손가락
자물쇠는 산더미가 되어
예술작품처럼 빛난다.

빛난 만큼의 약속을 지키기 위함은
무지갯빛 행복한 날도
보름달처럼 환한 모습도 아니다.
망망대해의 무서운
파도의 싸움도 이겨내어야 한다.

빛나는 자물쇠의 언약에
변치 않는 사랑의 소중한 가슴과 가슴으로
달님의 증인으로 영원하기를 기원한다.

# 바닷가에서

쉼 없이 철석거리며
하늘 끝까지
이별의 서러움에 철석이며
울면서 울면서 떠나갑니다.

텅 빈 바다는
숨 쉬는 작은 생명들이
갯벌 속에서 한세월
이별의 아픔을 노래합니다.

물결의 끝자락은
수평선 같은 키스
만남과 이별의 서해바다
슬픈 노래를 끝없이 부릅니다.

## 평행선平行線

평행선은
눈물과 웃음이
나란히 걷는 아름다움이다.

철길처럼 나란히 나란히
삐끄덕거리면서도 사이좋게 달린다.

간이역에서
숨 돌리고 싶어도
숨 돌릴 시간 없이
고달픔을 견디며
오늘도 삐끄덕 삐끄덕
벙어리 냉가슴을 안고
인생열차는 달리고 또 달린다.

# 착각

정신 연령은 하루에도 몇 번씩 변하는가.

마음은 청춘이지만
지난 세월을 잊어버릴 때가 있다.

추억은 세월에도 선명한데
인생의 훈장 같은
주름살은 어쩔 수 없다.

나의 착각은 보이지 않고
남의 착각 속에 미소 지으며
때론 착각 속에 행복해 한다.

착각 속에서
아픈 세월을 훨훨 날려 보낸다.

# 요술 섬

뱃길로 짧은 시간
얼굴마다 예쁜 웃음꽃이 피는 섬
요술 할매처럼
오랜 세월 추억이 숨쉬는 섬

추억의 전시실엔
가난의 남루가 아리게 하네.

폐품의 재활용으로
희귀한 작품을 빚어
상상의 나래가 춤을 추고

가을이면
재가 되어 사라져야 할
은행잎들을 모아
노랑색 시절을 노래하는 섬

밤마다
별빛이 부서져 내리는
마음의 꽃밭, 환상의 섬.

# Ⅱ. 따뜻한 목소리

# 청보리 추억

청보리 싹으로 아치를 만들고
꽃들 사이로 좋은 친구 되어
빛을 내고 있네.

오랜 고향친구 만나듯 반가워
약속시간 잊은 채
청보리 밭 추억 속으로
유년시절로 달려가네.

무겁게 덮인 눈꽃 속
푸르름으로 미소 지으며
봄의 유혹을 받아들이고

우리들은
보리밭 속 깜부기로
허기진 배를 달래던
보릿고개 시절이 아른거리네.

## 겨울 담장이

심혈관의 핏줄처럼
실오라기 같은 앙상한 뼈마디까지도
벽화를 섬세하게 그려놓았네

몸속에서 이승의 고통을 견디며
푸르름이 오기를 소지 올린다.

숨죽여 아픔 침묵 견디고
서로 믿음의 세상 키워
기다림 끝에 톡 톡

새 생명의 변신을 시작하는지
어둠의 담벼락 환하게
그림을 그리려 하네.

## 향수

살얼음이 금빛 은빛
봄바람을 부르며 반짝인다.

버들강아지들이 봄이 온다고
우쭐대며 춤을 춘다.

마을 아낙들은
묵은 빨래를 헹구며
강물의 흐름을 따라 간다.

어둠을 씻어내느라
분주한 봄 햇살이
희망의 꽃망울을 터트린다.

# 그리움

한여름 밤
할머니의 팔베개에 누워 있으면
귓가에 아련히 들려오는 푸념

별똥별이 떨어질 때면
또 한 사람이 가시는가
그리움을 남기고 떠나네.

소중한 사람들이
유성처럼 꼬리 감추면
가슴앓이 앙금이 쌓여
내 가슴속에 은하수가 흐르네.

# 따뜻한 목소리

증조할머니 목소리는
가슴에 쌓인 그리움의 앙금

앙금은 보이지 않는 손수건
엉덩이를 다독이시며 예쁘다 예쁘다

낙엽 같은 손이
손수건처럼 흔들린다.

눈만 뜨면,
증조할머니 할머니 아버지 엄마
가만히 세어보니 별처럼 아스라하다.

사랑은 영원하다고
따뜻하게 들려오는 목소리
다독이던 손이
그리움의 손수건으로 흔들린다.

# 아버지의 노래

처음으로 들어보는 아버지의 노래
형제 손자손녀까지도 신기해하였다.

더듬더듬 국어책 읽으시듯 부르시는 노래는
가슴을 치는 소리

네가 나를 모르는데 난들 너를 알겠느냐

어느 가수의 노래를 끝까지 부르시는데
비오는 날밤 깜깜한 어둠이 내 가슴을 몰아쳤다.

세월이 흘러
아버지의 노래하시던 모습이
다시 보여서 가슴에 썰물이 빠져나간다.

산다는 건 좋은 거지 수지맞은 장사잖소

아버지의 노래를 따라 부르면서
오늘도 수지맞은 장사를 하고 산다고 생각하니
행복의 미소가 저절로 몰려온다.

## 손맛

엄마의 손맛이 아려온다.
굵어진 손마디로 주물주물 만든 맛이
긴 세월 잊혀진 줄 알았는데
굵은 손마디의 맛이 그리워

그립다 못해
시장 식당을 기웃거리며 온 몸속에서
실 다란 엄마의 음식 맛을 찾아 헤맨다.

거친 손길로 만든 매끄러운 감칠맛
혓바닥의 침들이 수액으로 굽이쳐
온몸 혈관을 타고 내릴 때
그리워지는 엄마의 손맛…

# 묵은지 같은 친구들

묵은지 같은 친구들은
개구쟁이 소년에서 청년 중년을 거쳐왔다.

묵은지 같은 친구들이 모여
오미자농장에 바쁜 일손 돕기가 시작되면서
서투른 손놀림이 아름다워져 갔다.

과거와 현재를 오가며
걸쭉한 목소리에 웃음꽃 피우며
머루송이 같은 빨간 유혹에 시간가는 줄 모른다.

오색의 깊은 맛을 내기위해
백설탕에 하얀 꽃을 피우고
투명한 빛처럼 정열의 붉은 진액

묵은지 같은 친구들은
곰삭은 알맹이모습이지만
오색의 진한 맛에
묵은지 같은 우정이 넘쳐흐른다.

# 추억

세월의 흔적이 또렷한
주름진 할머니들의 솜씨에서
사라져가는 국수 맛이 되살아난다.

가게 앞에서 부산하게 움직이는 손,
홍두깨와 암반과 함께 일체되어
밀고 당기며 늘리는 솜씨로 손님을 부른다,

잊혀져가는 홍두깨 칼국수
밀면 밀수록 여래의 마음으로 넓어지는
하얀 손칼국수
전통 잇기 위한 맛이라지만
깊어진 주름살 연륜 만큼
손맛을 이어놓은 기나긴 면발

오가는 눈길에도 옛 맛이 살아
허기진 배를 채우며 그리움을 먹는다.

# 디딜방아

초가집 한 모퉁이에
큰 코에 늘씬한 몸매
짧은 두 다리를 바라본다.

두 여인의 장단에 맞춰
쿵덕쿵덕 콩닥콩닥
억센 곡식들은 절구에서
춤을 추다가 떡가루 콩가루로 변신한다.

온 가족의 양식을 만들어내는
디딜방아

매운 고추 찧을 때면
고초당초 맵다 한들
시집 같이 매울 손가 하고
흥얼흥얼 탄식하며
가슴멍울 쓸어내는

아낙들 애환의 꽃이 피고지고
억센 곡식 겉옷 벗기듯
세월의 흔적조차 사라진
옛 추억의 디딜방아를 바라본다.

## 매화꽃

매서운 눈 속에
피어나는 꽃봉오리

반가운 마음에
피기도 전에 고이 따서

따스한 찻잔 속에 띄우니
환하게 천년의 향기 피운다.

어두운 마음 밝히는 정화수
차 한 잔의 자비로움으로

새 봄 날 가득한 평화가
세상 속으로 번져가네.

# 수묵화

세상을 덮을 만큼
백과 흑의 끝이 없는
싸움이 시작되었다.

하얀 화선지 위에
검은 묵향을 피우며
붓 끝에 혼을 불어 넣는다.

시간과의 사투

긴긴 세월의 혼불
끝이 보이지 않는 빈 하늘
묵향의 미로

검은 꽃의 평화를 위해
하얀 세계에
여백의 화합으로
묵향의 꽃향기 되어 피어나리.

## 사각요술

사각 모자 속에서
온갖 조화가 이루어지듯

오늘도 네모 속에서 눈을 뜨고
일상생활을 시작한다.

삶 속에서 사각의 존재는
없는 곳이 없는 모양이다.

사각 컴퓨터에서
사각 세탁기에 빨래를 하며
사각 사각 사각은 요술쟁이다.

손 전화 속에서도
사각사각 문자가 오고간다.

네모 속의 요술세상
동서남북 사방팔방
사각 속에서 꿈이 이루어진다.

# 도예가

한 서린 세월 끝없이
물레를 돌리고 돌리고
흙에 생명을 불어넣는다.

굵은 땀에 젖은 몸
땀 냄새 배이고 배인 세월
정성의 손길을 모아
가마 속에 혼을 불어 넣는다.

불꽃 냄새는 밀의密意
애타는 마음 진정시키며
산고의 고통을 소망으로 꿈꾼다.

최고의 걸작을 위해
탄생과 파기의 순간마다
생사의 갈림길

한 작품을 얻기 위해
구워내고 파기하고
지고지순한 도예의 혼을 찾는다.

# 모닥불

모닥불을 바라본다.
잡힐 듯이 보일 듯이 희미한 연기가 되어
사라지기 전에 시어詩語를 찾기 위해
가슴을 열어 놓고 불꽃을 피운다.

새벽 인력시장에서의 모닥불은
고운 불꽃이 안타까움으로 타오른다.
찌그러진 깡통의 불꽃은 곱기만 한데
몸을 태우며 가슴엔 검은 재가 되어
오늘은 어느 곳으로 불꽃을 피울까.

재가 되기 전에
불꽃은 노을처럼
간절한 하루의 희망으로 타오른다.

# 5월 서정

두 가닥의 그네 줄을 잡고
높고 낮은 세상을 바라본다.

넓고 푸른 하늘을 바라볼 때
5월의 바람은 행복한 바람

두 가닥의 그네 줄을 잡고
하늘로 오를 때
행복하기만 하던 시절

엄마도 언니도 친구들도
단오제 그네 타기는 온 동네 잔치

두 가닥의 그네 줄을 잡고
치마폭 날리며 함박웃음 웃었지.

5월의 상큼한 바람이
온몸을 휘감 듯
인심 좋은 시골 동네 축제

그네 타며 깔깔거리던 시절
그 웃음의 나라는 동화책에 남았네.

# 봄소식

보이지도 않고 달랠 수도 없는
칼바람이 심술을 부려도

날카로운 꽃샘바람
몸서리치게 몰아칠 때도
매화는 절개를 지켜야 했다.

가슴속 응어리
반가운 소식이 오기까지
뿌리에서 줄기로 펌프질을 해야 했다.

드디어 상봉의 시간
아픔 이겨낸 꽃망울들이 피어올라
예쁜 미소로 홍매의 기품 드러내어
가슴 뭉클한 감격의 포옹을 한다.

# 아지랑이

유혹의 여신이
사랑의 불꽃을 피우네.

봄바람 산들 산들
고운 미소로 손짓하고
붉은 정열의 꽃 피우며
마음의 창을 흔들어 놓네.

저만치 눈짓하는 사랑
잡힐듯 애태우며
달려가 손을 내밀어도
그 자리엔 언제나 아른 아른

가슴에 안겨 올 것 같은
애끓는 사람
아질아질 손을 흔들어 보이네.

# 여백

하늘이 내려와 사는
마음 비운 자리에는
붉은 태양의 수액들이 오르내려
아름다운 꽃을 피우네.

흰 구름이 내려와 사는
장독대 항아리에는
크고 작은 섬들이 한가하다네.

마음속
피어나는 꽃구름에
꿈꾸는 극락,
해탈의 꿈 열려
영원 꿈이 꽃피겠네.

# III. 한지의 뿌리

## 항아리

크고 작은 식구들
마당가 한 모퉁이에
옹기종기 모여 있다.

은은한 맛으로
가족의 건강 지킴이로 살아온
소중한 생활문화재였으나
주인의 사랑은 간곳없이
버려진 항아리…

남은 항아리는 뿔뿔이 흩어져
깨지고 쓸모없는 신세가 되는 판에
운 좋게 살아남은 항아리 하나

끈끈한 인연으로
깨어지는 순간을 모면했지만
베란다의 속이 빈 항아리로
꽃을 심은 화분의 받침대가 되어
베란다 지킴이로 산다네.

# 한지의 뿌리

천년 세월 속에
독물의 아픔을 숨기며
거친 손길에 피어난
순백의 닥나무들이
기묘한 꽃들을 피운다.

한지 공예가
아름다운 세상으로 피어나고
전통 묵향이 스미게 하여
천년 만년 명품으로 남기 위해
닥종이의 혼신으로 태어난다.

지극한 부드러움이
단단함을 이기듯이
백색의 세계에 꺾이지 않는 의지
한민족의 강인한 뿌리로
빛나는 보석으로 피어난다.

# 솜이불

추울 땐 솜이불이 최고라고
어제같이 말씀하시며
정성을 다하시던 엄마의 모습

이불 한 채가
지금은 세 채도 더 만들 수 있을 만큼
크게 만들어주신 솜이불

하얀 솜털구름 모아
잿물로 물 뺀 백색 광목 호청
청홍색 고운 색을 감싸 안고
장롱 속에서 긴 긴 세월
숨죽이며 모성을 지키고 있었네.

첫날 밤 사랑의 꿈은
긴 세월 포근한 엄마의 마음

허물과 고통을 이불처럼 덮고 덮고
또 덮으면서 살아온 세월은
하얀 이불 호청 닮은 하얀 머리카락
어머니의 세월을 노래하네.

# 묵정밭에서

묵정밭에서
농부는 잡초와 싸워 인내심을 기른다.

농약을 버리고
비닐로 온기를 살린다.

황토 땅은
모래 섞는 객토로
변신을 서두른다.

비오는 장마철엔
치솟는 의지가 한층 더 푸르고

태어날 곳이 없는데
끈질기게 푸르름과 예쁜 꽃을 수놓는다.

꺾이지 않는 의지로 예쁜 꽃을 피우면
묵정밭은 비옥한 옥토로 분장한다.

# 풋고추 이야기

약이 오른 고추는
눈물이 나도록 매웠다.

보리밥 한 사발에
냉수 한 대접 꾹꾹 말아 먹을 때

풋고추를 된장에 꾹 찍어
게 눈 감추듯 비웠다.

세상모르고 반찬 투정할 때면
풋고추 하나로 밥 한 그릇 뚝딱해도
행복한 시절이 있었단다.

친정어머니와 시어머니는
여름날의 땀과 눈물이
매운 고추로 여물어
약이 찬 고추를 낳으셨단다.

## 소래 포구

생명력을 토해내던
검푸른 파도는 자취 없이 사라진 뒤
잿빛 뻘 속에선
작은 생명들이 아우성을 치며
부산하게 허우적거린다.

포구 가까이엔
황토색의 페인트 그림마냥
오염의 향기가 괴로워
꼬맹이들
페인트의 끈적임에 살아 남기 위해
온힘을 다해 토해내며 몸부림친다.

저 멀리 파도 소리에
가쁜 숨소리 몰아쉬며
희망의 숨결을 들이마신다.

# 소금방 사우나에서

소금에 절여지듯
세월의 흔적들 주름살 위로
인고의 땀방울이 흐른다.

절여지고 절여진
땀방울이 연꽃으로 피어난
희디흰 소금꽃방에서
아낙네들 수다의 꽃을 피운다.

소금 꽃이 될 때까지
고뇌와 애환의 세월이 쌓여서
아름다운 꽃이 되어 빛을 발한다.

여인네들 살아온 가슴속 응어리
소금처럼 녹아내리며 주름진 모습
눈꽃처럼 피어난 아낙네들
애환의 꽃을 피운다.

## 섹시한 여자

가을바람 타고 불꽃들이 피어난다.

단풍잎만큼이나 색색이 곱게 입고
야한 모습으로 산을 오르는 여자

붉게 타오르는 가슴 활짝 열면
가슴속에서 불꽃들은 피어나고

얼굴엔 땀방울 맺혀 숨소리 거칠어지면
하나씩 벗으면서 야한 모습 드러내고

산을 오르는 사내들의 눈길은
사라져 갈 때까지 따사롭다.

# 귀한 숫자

일등이라는
글자는 언제든지 기분이 좋지만
11일이란 숫자도 항상 잊을 수 없는 존재

먹기 위해 젓가락이 한 쌍
그렇게 소중할 수 없고
떡볶이의 매력은 외국인들의 입맛을 사로잡고

11월이 있어 12월이 있듯이
평생에 다시 한 번 돌아올 수 없는
2011년 11월 11일 11시 11분 11초

어느 군부대에서는
미래를 알고 11년 후의 만남을 위해
타임캡슐을 땅에 묻고
축배를 들기 위해 솔잎주를 담그고

드디어 귀한 숫자가 합이 드는 날
홍천체육관에서는
제대한 군인들이 축배를 들기로 했다고

그 시간, 문화센터 교실에선 교수님과 문우들
노랫가락에 잊을 수 없는 귀한 숫자
젓가락들이 쌍쌍으로 파티하는 순간
즉흥시 낭송으로 순간 꽃을 피웠다.

## 고석정에서

임꺽정의 놀이터
산 좋고 물 좋은 곳

긴 세월 마음 비운
현무암들의 신비의 덩어리

작은 나룻배는 강줄기를 따라
바위들의 세월을 기억한다.

무언의 바위들과
밤낮을 기억하는 물소리

영원한 인연으로
긴 세월 숙연해지는
바위들의 숨결소리

강물은 변함없이
세월 따라 흐른다.

# 요양원에서

인고의 세월에
한없는 사랑을 퍼주다가
빈 껍질만 남았다.

침묵 속에 남은 시간은
실을 뽑힌 번데기
미소 잃은 주름살뿐…

인생의 대합실은
저승대기실인가
실다란 정신 줄에
가느다란 목소리

희미하게 들리는
보고 싶다는 말뿐
가물거리는 불꽃 속에
회한의 눈물이 고인다.

## 화장터에서

까무러칠 지경의 통곡소리
피눈물을 흘리면서 부둥켜안고
마지막 가는 길에 오열한다.

눈물과 눈물들은 성난 파도
회한을 태우는 불의 혓바닥에
슬픔이 녹아내리고

살아남아 숨쉬는 이의 아우성은
거친 태풍의 한 순간처럼
눈물마저 메말라 쓰러진다.

아픈 추억들은
가슴속에 소복소복 묻어두고
활활 타는 불꽃도 마다하지 않는다.

냉정하게 떠나는 영혼들이여
기도하는 마음을 읽으며 가는가.

## 탈상에

조석으로 인사드리옵고
초하루 보름으로 정갈한 음식 올리시고
삼년 동안 정성을 다하셨네.

층층부모 떠나실 때마다
소복을 청결히 입으시고
관음보살의 미소로 기도 올리시고

긴 긴 세월 가슴에 피멍이 들어도
냉수로 가슴을 식히시며
고통의 바다를 건너 오셨네.

울 어매
저승 가시는 날
삼일 탈상에 가슴 메이네.

# 눈의 나라

하얀 눈송이는 겨울 특허 1호
온 천지의 허물을 사푼사푼 덮는다.

해맑은 아이의 말소리처럼
깨끗하다 못해 눈이 부신 보석들이
동심의 세계에 하얀 마음으로
이야기꽃을 피우고 있다.

순백의 눈이 내리는 날은
성숙한 삶에서 상처받은 세월을
용서할 수 없는 사람에게
용서할 수 있는 기회의 순간이다.

하얀 마음으로
작은 용서 큰 용서를 눈송이처럼
덮으며 덮으며 눈 녹듯 녹이는
눈의 나라 천국이다.

## 감자

한 두 곳 싹을 비껴
하얀 속살을 칼로 쪼갠다.

캄캄한 흙속에 묻힌 채
순후한 수분을 빨아들여
하루하루 숨을 쉬는 동안

햇빛과 별빛에 위로 받으며
봄바람과 함께 꽃을 피우고
새로운 아픔의 세상을 받아들인다.

잘려진 한쪽의 감자는
땅속에서 탱탱하게 여문 알들의
순산을 기다리는 꿈을 꾸리라.

# 구름 산에서

구름 산 모두가 아카시아 꽃밭이네
늘씬하게 자란 아카시아 꽃들이
쌀튀밥을 뿌려 놓은 듯
고소한 단맛의 꽃향기에 취하게 하네.

유년시절
친구들과 멱을 감으러 강으로 갈 때면
하얀 꽃들의 향연이 펼쳐진다.

우리들은
꽃을 따서 쪽쪽 빨아먹으며
허기를 채우려던 아슴한 기억들…

꿀벌들은 꿀을 만들기 위해
잉잉거리며 지칠 줄도 모르고
아카시아 꽃들은
오염과 추위 속에도 꿀벌들을 돕네.

# 보약

허해진 마음의 약을 찾기 위해
서점에 기웃하기도 하고

먼먼 옛날의 훌륭한 분들의 책을 찾아
헌책방을 헤매기도 하고

먼지 쌓인 책을 접하며
마음의 병을 치유한다.

노랗게 바스러지는
오래된 책 속에선
희망의 노래가 들려온다.

책을 읽을 때면
옛 친구를 만난 것같이 신이 나고
세상에서 가장 맛있는 보약을 먹는 것처럼
혼신에 힘이 솟는다.

# 어미의 가슴에는

이유 없는 오염이
아이의 몸에 파고들어와
밤이 새도록 긁고 긁는다.

불에 구운 마른 오징어처럼
오그라진 피부
가려움에 몸부림치며
고사리 손으로 가려움을 호소한다.

긁을 때마다
어미의 가슴에는
세포마다 각혈이 솟구치며
암흑의 세상에서 피를 토한다.

# 빛나는 여행

산속에서 푸른 날개로 살아온
속 타는 옻나무의 검은 진액

바다 밑바닥에서 세월 모르고 살던
전복과 소라들의 고운 조가비 가져와
서로의 열병으로 끈끈한 정을 녹여
새 인연으로 긴 사랑 여행을 한다.

독하게 살아온 삶의 장인 정신으로
보석처럼 빛나는 나전칠기의 화려한 눈부심
햇살 따라 위치 따라 빛나는 아름다움

산과 바다에서의 인연
극과 극의 사랑은
오색찬란한 전설이 뿌리내렸네.

# Ⅳ. 투명한 목소리

# 대나무

나이테가 없어서
항상 푸르른가.

마음을 비우고 살아서
항상 푸르른가.

하늘만 보고 살아서
항상 푸르른가.

푸르른 녹차향기에
온몸이 녹아내리는
절묘한 군자의 경지

온몸으로 자비 베풀어
천년이고 만년이고
장인의 손끝에 살아 숨쉬네.

# 플라타너스

횡단보도에서
슬픔을 간직한 플라타너스가
미소를 보내고 있었다.

파란불이 들어오기를 기다리는 동안
우두커니 선 나무줄기에
담뱃불을 비벼 끄는 사나이

술에 취해 비틀거리다가
발길질을 하기도 하지만
나무는 우두커니 서 있을 뿐…

유혹의 눈웃음 가득한
전단지를 풀과 테이프로 도배를 한다 해도
푸른 날개로 희망을 주는
횡단보도 옆 플라타너스는
시원의 그늘이 되어 주며 살아간다.

# 고로쇠나무

한 방울 두 방울
자비의 인연인가.
청청숲에 스민 숨결을 마신다.

천년 만년 살 것처럼
오묘한 맛에 기도하고

너의 온몸이 휘도록
헌신하는 물방울

꺾이지 않는 의지
푸르른 하늘을 닮아
맑은 미소를 짓네.

## 수선화

차디찬 의지의 꽃잎
흰나비 노랑나비 봄소식 알리 듯
춤추며 유혹해도 흔들림이 없다.

눈보라 속에서도
고운 살결로 미소 지으며

봄바람에 새 희망 부풀면서도
가슴에 깊이 새기는 꿈

그리움은 뿌리에 꼭꼭 숨긴 채
또 오리라 언약하며
노랑나비 흰나비 되어 날아가네.

## 엄나무

험상궂은 몸매에
가시로 더덕더덕 감싸 안고

귀신도 무서워서 도망간다는
겉과 속이 다른 나무

싹둑싹둑 잘린 토막
활활 타오르는 불길
무서움에 울어야 했다.

물속에서 뜨거움에
몸부림치며 끓이고 끓여서
아픔의 피 눈물 뽑아
연갈색의 진액을 마신다.

혼탁한 세상
오그라진 허약체질을
따뜻하게 온기 넣어 준다.

온몸으로 한없이 보시하는
속이 깊은 약초

귀신이 무서워 도망가는
속이 깊은 나무…

## 국화꽃 축제

가을 하늘에선 붉게 타는 태양이
천만송이 국화꽃들에게 축하를 보낸다.

보이지 않는 가을바람도
분수대의 음악 소리에 맞춰
인파 속 물줄기는 애교를 부리며 춤을 춘다.

수많은 사람들도
밝은 미소 지으며 사랑의 눈길로
작품들의 매력에 환호한다.

보이지 않는 곳에서 봄부터 정성을 쏟은
거친 손마디와 고운 마음이 모아진

가을바람이 모두들 마음을
신나게 흔들어 놓는다.

천만송이의 꽃 속에 마음은 흥겨워지고
노을빛 물든 이 가을 국화차 한 잔에
이별의 시간은 가까워 오고 있다.

## 여름 장미

불타는 태양처럼 지칠 줄 모르고
이글거리며 젊음을 노래하는
예쁜 모습으로 미소 짓지만

가슴속 가시가 밖으로 나와
숨통을 뚫고
말 한마디 참지 못한 채
왜 찌르며 아프게 살았는지…

한여름의 치열한
가시는 더욱더 치열하지만

그것은 모두 젊은 날의 사랑…

허망하게 떨어진
장미의 신음소리에
비어져간 몸부림들
찌르는 가시조차도
그 예쁜 미소 영원히 간직하리.

# 투명한 목소리

백담사 계곡의 물줄기처럼
그리운 목소리 들려오고 있었다.

걸음을 걷기조차도
한 발자국 두 발자국
땅에 발을 디딜 때마다
합장하며 걷기도 하였다.

눈 속에 핀 매화처럼
억겁의 세월이 흘러도
변함없는 부모의 혼신
고귀하고 소중한 마음

이제야
나도 그렇게 투명해지는
목소리를 기억하면서
본심의 물줄기로 흘러가리.

# 복주머니

새해아침 증조할머니께 세배 드리면
명주 천 예쁜 복주머니를 주셨다.

복주머니는
처음 가져보는 동전으로
해마다 배가 불렀다.

밝은 웃음 띄우며
행복해 하던 그 시절

실과 바늘을 친구하자며
희미한 눈빛, 무량의 손길로
연꽃잎 닮은 복주머니

복을 불어넣은 정성이
아련한 미소로 피어나고

가슴 가득 복을 안기는
명주 천 고운 복주머니
그리움이 밀려오네.

# 송이버섯

세월없이 사는 소나무
신비의 세계를 알린다.

거친 산모퉁이의 솔숲에서
가을 알리는 작은 우산 쓰고
배시시 귀한 정수리 내밀면
신비의 솔향기에 눈은 번쩍이고

하늘이 내린 뿌리의 비밀
송이버섯 한 뿌리에
솔밭을 통째로 들이마신다.

골 깊은 세월의 솔숲이
내 온 몸속에 펴져
행복의 미소 지으며
솔밭 가득 정원에 앉아 있다.

## 구름 꽃

주름치마 앞을 접어
허리에 끼우고 앞주머니 만들어
몽글 몽글 피어오른 하얀 눈꽃송이

내 손에 잡혀서 접은 치마 속에
소복소복 꿈을 모은다.

얼마 전 꽃 떨어진 열매는
갈증 나는 내 입속에서
고운 향기 피어나 갈증 해소하고

울 엄마 요술기술
무명천 솜이불 시집갈 때
이불 호청 요 호청

연분홍 연노랑 목화꽃
꽃구름 피어나듯 살아라하셨네.

## 여의도 꽃밭

꽃송이만큼이나 모인
인파 속에 미소들의 물결이 모여
한강의 물줄기 따라 흘러간다.

붉은 정열의 조명은
연분홍 벚꽃들을 유혹하고
가슴에 핑크빛으로 담아주는
황홀한 꽃송이들이 흥겹게 춤을 춘다.

봄바람이 질투의 신으로 다가와
헤어지기 안쓰러워 몸부림치지만
바람의 신에게 양보하며 날아간다.

# 속이 빈 나무

반딧불빛 전등알들이
나뭇가지에 조롱조롱 매달린 채
화려한 꿈의 궁전을 이룬다.

낮에는 추위에 떨다가
은밀한 비밀의 밤이 오면
반딧불빛의 향연이 펼쳐진다.

연말연시는 속빈 강정들의 축제
행복의 미소를 꾸미고
환락으로 위로 받는다.

밤이 깊어갈수록
뜨거움에 고통 다 타버릴 것 같은
나무는 치장한 채 서있다.

# 꽃을 보면

아기를 바라보면 저절로 미소와
따뜻한 눈빛이 되듯

꽃을 보면
낮은 자세로 핀 작은 꽃들
더욱 예뻐서 인사를 하고 싶어진다.

꽃이 바람에 흔들릴 때
밝은 미소로 허리 굽혀 인사하며
예쁘다고 속삭이고 싶어진다.

활짝 핀 꽃을 보면
하늘을 보며 웃고 싶어진다.

하늘과 이우러져 춤을 추는
꽃나무들과 웃는 사람들
만개한 꽃 덕분에
하늘과 인사를 자주하게 된다.

## 모과

아지랑이 손짓하며 핑크빛 꽃피울 때
거친 파도의 소리도 다정했으리

해풍에 시달리다 입은 상처들
바다의 짠 햇살 한 움큼으로

가을 향기 진하게 내뿜는 인고의 열매
못생겼다고 외면당한 수모에도
깊은 맛을 뿜어내는 정 깊은 향기

고절한 맛에 다정해지는
목소리 부드러움에
새 정이 새록새록 깊어진다.

# 고구마

싹둑싹둑 잘린 몇 마디로
뿌리를 내렸네.

태양의 지열에도 지치지 않고
줄기에서 잎으로 뻗어가네.

앞도 뒤도 돌아볼 새 없이
줄기차게 나아가네.

비바람에 이파리 찢기어도
땅속에선 일용할 양식이 열리네.

# 참꽃

진달래 능선마다 꽃불들이 유혹한다.

활활 타는 사랑을
못내 아쉬워 각혈을 토하는가.

무덤엔 유난히도 탐스런 꽃송이
철없던 우리들은
웃는 꽃들을 꺾었다.

어린 시절
어른들은 꽃을 꺾으러 가지마라.
문둥이들 무덤 옆에 있다가
너희들 잡아먹는다.

영영 잊지 못할
사랑의 눈물 꽃이 피는 걸까.

그래도 우리들은
진달래 능선을 오르내리며
입술이 푸르도록 따먹었지
따먹지 말라 했는데…

# 꽹과리

뜨거운 불꽃이 튄다.
금방이라도 흘러내릴 것 같은

다시 태어나기위해선
소란한 불꽃도 참을 수 있고
수없는 매질도 참을 수 있다.

아픔을 환희로 받아들이며
거듭 태어나 매를 맞아야
경쾌한 소리를 낼 수 있지.

아홉의 공정을 거쳐서
반짝반짝 빛나는 모습
중요무형문화재의 손끝에서 태어나면
더할 나위 없는 영광

두 귀가 열리는 순간
매를 맞기를 기다린다.
맞으면 맞을수록 다들 신들려
흥에 겨워 얼굴엔 웃음꽃이 피어난다.

전통 악기 농악에서
구멍이 날 때까지 맞아야 신나는
꽹과리의 운명은
사라질 때까지 신바람을 일으킨다.

# 車窓 가에서

차창 밖에서는
神의 솜틀기계에서 말려나오는
따뜻한 구름솜들
하얀 무늬를 이루고 있다.

산야에 덮인 눈들도
따뜻한 햇살에 위로받으며
푸른 희망의 꿈을 꾸며 살아온
추억들이 꼼지락거린다.

창가에 비친 풍경들도
세월을 되새김질하는가.
갈 길도 온 길도 모른 채
갈대의 질긴 뿌리로 살아온 세월
그 울음소리처럼 백발이 서럽다.

겨울 빛에도 아름다운 백발
하얀 눈밭에서 엄동의 노을 속에
서걱이는 계절에 속울음 운다.

# V. 유년의 꿈

# 봉정암 약수

관세음 보살님을
조용히 부르는 물소리

욕심의 응어리들은
대청봉 산봉우리에 둘둘 말아
약수 물에 떠내려 보낸다.

표주박으로 받아 마신 약수가
상처 난 물속의 혈관을 타고
고달픈 세상사 쓸어내린다.

날이 새는 줄 모르고
기도로 밤을 지새우는 보살님들
봉정암의 맑은 옹달샘 물줄기가
세상근심 사라지게 한다.

# 연화蓮花

밤새도록
비바람이 내리쳐도
환한 미소로 웃기만 하네.

진흙탕에 뿌리를 뻗으면서도
자비로운 마음으로
극락의 꿈을 꾼다네.

어둠을 뚫고 빛을 토하며
초연히 피어나는 숨결 위에
황홀한 꽃잎 나래를 펴네.

# 연근蓮根

진흙의 수렁 속에서
치솟는 자비의 뿌리

태양빛을 닮은
눈부신 연꽃들의 향연이 열린다.

어둠속에서 뿌리내린
팔만대장경 설법으로

비우고 비운 뿌리의 보시
어지러운 세상사 염화미소를 띄우고

뿌리의 힘으로 공양 보시 나누는
무량수불의 공덕이 흐르네.

# 소원 바위

지리산 사성암 울퉁불퉁 암벽 위의
약사여래부처님께 합장만 하여도
무량수불의 공덕 꽃피우고

그 암벽에
기도하며 동전을 붙인 후
떨어지지 않으면 소원이 이루어진다고

수많은 사람들은
혼탁심심을 달래며
바위에 동전과의 일체를 꿈꾼다.

어둠을 쫓아내는 햇살이
눈부신 빛으로
영산회상을 노래하네.

## 전등사 여인

사랑에 눈이 멀면
아름다운 죄는 잔인도 하여라.

주모의 사랑의 배신에
처마끝자락이라도 잡고 싶어서일까.

대패질로 갈기갈기 발가벗겨
네 기둥 대들보 밑에
세상 무게 다 받쳐 들게 하고

억겁의 시간 앞에
지옥의 어둠을 뚫고

벌거숭이 여인의 눈물이
풍경소리로 올려 퍼져

저승의 고통을
이승으로 해탈하려는
몸부림이 가슴 메이게 하네.

## 불가마 속에서

첨성대를 뒤집어 놓은 듯한
토굴 속에서
불길에 휩싸인 나를 본다.

혼신 속의 해탈 찌꺼기를 태우며
세속에 찌든 번뇌를 뿜어낸다.

티 없이 맑은 햇살처럼
사바에 찌든 티끌들 사라져
불길 속에서 행복의 미소로 바라본다.

# 용문사 은행나무

마의태자의 한이 서려 있는가.
의상대사 지팡이의 호령인가.

천년의 세월 속에
해탈의 비움인가.

은행나무는 천년이 흘러도
웅장함을 잃지 않았다.

육신을 뚫고 스며드는
천지간의 광명천지
변함없는 신기루로 머물고 있다.

# 스님의 텃밭

동자승의 미소로
재활용 화분에 고무통까지
작은방 큰방 만들어 꽃을 피운다.

새벽이슬 내리듯이
자비의 정성으로
지극 정성으로 보살핀다.

여린 잎들은
팔만대장경 이루어지듯
소복소복 예쁘게 자란다.

스님의 행복 나눔
여린 찻잎을 나누듯이
비움의 미소를 채워주신다.

# 호박 보시

새끼 손톱만한 씨알이
자비심으로 보시를 한다.

밤이슬 한 방울에 쭉쭉 뻗어가는
줄기들 사이좋게 얽히고 설켜도
해탈의 미소를 띄운다.

꽃 피기 전
꽃망울은 콩가루 분단장에
상위에서 꽃 피우고

너울너울 춤추는 푸른 날개 따서
찜 솥에 쪄낸 잎과 된장찌개는
혀끝의 오묘함이 번지고

하룻밤의 이슬로 얼굴 붉힌 새색시
푸른 몸매 인기 독차지하고

황금 들녘 붉은 가슴 열어
둥글게 둥글게 자비심 키운다.

# 접목

작은 길에서
큰길로 가는 길

고욤나무에서는
어느 한쪽은 뿌리 윗부분을 잘라내고

뿌리를 잘라낸
두 상처가 화합의 꽃이 피어

제2의 인생으로
큰 결실을 꿈꾸며
황금빛으로 주렁주렁 달린다.

높이 달린 홍시감은
까치밥이 될 때까지
하늘 향해 합장을 한다.

윤기 자르르한 염원으로.

# 유년의 꿈

아버지의 병환은
하루가 다르게 더 심해지고

엄마는 남자일 여자일 가리지 않고
별을 보고 나갔다가
별을 보며 오시곤 하였지

찬란한 별빛은
엄마의 가슴속 안식처
소녀는 가마솥 설거지 당번
설거지는 팔이 짧아서
부뚜막에 올라 낑낑대었지.

엄마의 넓은 마음만큼
큰 가마솥 설거지 끝나면
책보를 허리에 묶고 뛰는 학교길
지각한다고 혼난 적도 있지만
밤하늘의 무수한 별들을 동경하면서
가슴속 무지개 꿈을 꾸었지.

# 병아리 나라

첫 새벽의 일출이
나의 가슴에 안긴다.

무지개 빛깔로
온 혼을 흔들어 놓는다.

하루에도 몇 차례씩
개나리꽃 빛의 병아리 나라
내 가슴속에 파고 들어와
행복의 미소로 꽃피게 한다.

세월이 흐를수록
무지갯빛으로 눈이 부셔
가슴에도 행복의 눈시울 젖어온다.

푸른 하늘의 별들처럼
반짝반짝 눈이 부시는
사막의 오아시스를 바라본다.

## 해넘이

밤이 새도록
풀잎에서 속삭이던 이슬처럼
영롱한 사랑을 노래하네.

한여름 태양처럼
이글거리며 정열을 불태우며
사랑 노래 부르고

저 아름다운 노을을 보며
유유히 저무는 달그림자
애틋한 추억을 노래하네.

# 노랑의 희망

골담초 꽃그늘에 노랑 병아리
싱그런 목소리로 희망을 알린다.

베란다에서 내려다보면
노랑색의 향연이 펼쳐진다.

노랑색의 버스는
병아리들의 희망을 싣고
개나리 산수유 사이를 간다.

노랑색들의 작은 숨소리는
새 희망의 가슴을 설레게 한다.

# 단비

반가운 단비를 맞으며 안양천을 걷는다.
조심스럽게 내리는 비는
나의 얼굴을 더듬고…

갈증의 목마름에
비가 오시면
대지에서는 단내가 난다.

하늘 물방울이 아깝다는 듯이
더욱더 갈증의 목이 타들어갈 때
잡초의 얼굴 간질이는 손길

얼굴에 흘러내리는 비의 속삭임
미소가 피어오르듯 한 모금 적시니
시들던 잡초도 한숨 돌리며
큰 웃음 지으며 푸른 웃음 웃는다.

## 이별

바람이 일 때마다
단풍잎들이 떼지어 나뒹군다.

이별은 영영 싫다고
누더기도 좋으니
곰삭을 때까지 덮어두었다가

따뜻한 봄 날
고향의 단풍나무 아래 뿌려 주리

## 유혹

산정호수 산책길
덕지덕지 낀 세월의 흔적에
거칠어진 몸매 지닌 채
우람함을 자랑하며
호수 쪽으로 기울어져 있네.

지나는 사람마다 어루만지며
미소를 지으면서 껴안아도 보고
안락의자처럼 편안히 앉아도 보고
잠시 행복에 젖는다.

손길 닿은 부분은 명주 천 같은
보드라운 몸매 유혹에 빠져
사랑을 속삭이며
떠나오기 싫은 발길을 돌려야 했다.

소나무를 사랑하는 마음에
오늘에야 원 없이 애무하였다.
가깝고도 먼 당신
호수와 기울어진 소나무와의 인연
멋진 풍광으로 우리들을 유혹한다.

# 금낭화

꽃밭 모퉁이에
복 주머니 하나씩 나눠 주려고
볼그레한 미소로
앙증맞게 피어올라 희망의 노래를 부르네요.

하루하루 새 빛을 찾아 살아가는
실다란 희망의 꿈들을
때론 엇갈린 운명처럼
비켜가는 서러움의 안타까움

어두운 세상 빛을 찾아
허기진 날갯짓으로 유혹하지만
잠시 위로일 뿐

꽃밭에서 조롱조롱 꽃피우며
작은 숨결들이 손짓하네요.

## 할미꽃

굽어진 허리
여명의 핏빛 숭고한 자태

낡은 관절 지탱하기 힘들어도
고개 숙인 미소가 정겨워라.

자줏빛 고운 자태
흰머리 꽃피어도

빨간 립스틱 입술에 바르고
하얀 머리카락 휘날리며 춤추고 싶은
오랜 몸부림의 생명 꽃

은빛으로 달구어진 열꽃은
투명한 사랑이어라.

# 꽃자리

하나의 끈에서 끈으로
한 사람의 끈기 있는 기질로
섬세한 화문석花紋席이 눈부시다.

고드랫돌을 수없이 움직여
수를 놓은 꽃자리에서
장인匠人의 맥박이 유영한다.

특유한 왕골 향기에
한여름 밤 대청마루 넘나드는
서늘한 바람소리가 들린다.

참을성 많은 장인정신을 기억하면서
과거와 현재를 이어주는 기나긴 끈
투박한 손끝에서 문채 더욱 빛난다.

# 물수제비 뜨다

둥글납작한 돌을
수평선에 던지면
탐방탐방 뛰어가곤 했다.

수면엔 동그라미 파문을 일으키며
탐방탐방 뛰어가곤 했다.

내 가슴속
살아있는 머슴아이처럼
작은 동그라미 속에
지금도 물수제비 뜨고 있다.

## 산딸기

소녀의 볼처럼
발그레한 산딸기 알들이
가시덤불 속에서 조롱조롱 유혹할 때

치맛자락 나풀거리고
푸른 능선 헤매며
새콤한 맛에 빠져들었다.

시간가는 줄 모르고
따먹던 시절
빨개진 입술 보며
서로 웃음 짓던 추억 아른거린다.

가시덤불 속 찔리는 아픔도 있었지.
영롱한 산딸기 빛깔로
붉게 타던 가슴속의 붉은 열꽃
노을 속 아련히 아른거린다.

# 새해의 기도

정동진의 모래밭엔
모래알같이 많은 사람들이
복을 빌고 있습니다.

그러나
모래알같이 많은 사람들
개인은 단단하지만
모래알처럼 뭉쳐지지 않습니다.

주여
개인들은 단단하지만
뭉쳐지지 않은 메마른 마음에
시멘트처럼 뭉치게 하소서.

모래와 물과 시멘트
철근이 하나 되어
건실한 보루가 서게 하소서.

작품해설 김상화 시집 『조각보 프리즘』

# 생활문화의 회화적繪畵的 통찰洞察

黃 松 文

詩人 • 선문대 명예교수

그림은 말없는 시요 시는 말하는 재능을 가진 그림이라고 호라티우스는 말했다. R. W. 에머슨도 회화는 말없는 시요 시는 말하는 회화라고 갈파했다. J. F. 밀레는 "우리들이 사랑하는 작품이란 그것이 자연에서 생긴 경우"라고 했다. 이러한 설을 종합하여보면 신과 인간과 자연이라는 관계에서 천태만상의 조화의 미가 생겨나게 된다는 점을 인식하게 된다.

시인이 어떤 사물을 보는 순간 시상이 떠올라 시를 쓴다는 것은 시인 자신의 심상의 투사 또는 접사라 할 수 있다. 시인 자신이 지닌 바의 내적인 자극적 감성이 대상적 사물이라고 하는 피사체에 접사되어 그 형상이 구체적으로 나타나게 될 때 쾌감이 발생하게 된다.

이러한 경우, 여기에서 간과할 수 없는 것은 피사체를 접사할 때 카메라에 내장된 필름이 어떤 필름이냐가 중요시된다는 점이다. 피사체 사물이 아무리 아름다운 총천연색 시네포엠이 전개된다 할지라도 필름이 흑백 필름이면 컬러는 찍히지 않는다는 점이다.

이 세상을 다 돌아본다 하여도 아름다움을 지니지 않으면 아름다움을 볼 수 없게 된다는 말도 이와 궤를 같이 한다. 그러므로 시의 소재 이전에 시인의 마음 세계가 어떤 무늬의 문채文彩로 이루어져 있는가가 중요시된다. B. A. W. 러셀은 이와 관련하여 "진정한 생활이란 종교와 시의 소재가 되는 감정을 자기 자신 속에서 경험하는 것을 의미한다."고 했다.

김상화 시집 『조각보의 프리즘』은 인간 문화 활동의 소산으로서, 문화적 가치를 지니고 있는 민속자료로서의 생활문화 재료가 빈번하게 보인다. 그것은 하찮은 사물이라 할지라도 민족공동체적 생활이 변하여 온 자취를 이해하는 데에 없어서는 안 될 자료로서의 소재라 하겠다. 김상화 시인이 관심하는 생활문화의 자료는 조각보라든지 놋쇠숟가락, 놋쇠 요강, 공기놀이, 철모두레박 등을 들 수 있다.

상처투성이 조각 천들이
하나의 모자이크를 이루고 있네.

한잎 두잎 연결된 조각밥상보
한평생 함께 사는
실과 바늘이 배필이라네.

정교한 기능으로
한 땀 한 땀 수를 놓았으리.
칠남매 조각보 하나하나
모성의 정성이 스며있다네.

세월 흘러도 변함없는 삼베밥상보
가슴에 안고 눈물 흘리네.

－「조각보」 전문 －

헝겊과 헝겊을 이어 붙여서 만든 조각보가 의인화擬人化되고 있다. 조각보를 이루는 헝겊들은 다양한 색채와 형태라는 공간을 차지하는 사물이다. 피상적으로 얼핏 보면 버려질 수밖에 없는 하찮은 편린에 불과하지만, 모성애에 불타는 어머니의 정성어린 손을 거치게 되면 아름다운 조각보가 된다고 하는 신선한 충격을 받게 된다.

조각보라고 하는 그 하나의 모자이크는 상처를 어루만지는 모성애母性愛에서 거듭나게 된다. 요즘처럼 편리를 쫓는 속도전 시대에는 접할 수 없는 고풍스런 생활문화 재료에 향하는 애착에서 발현되는 구체적 형상화라 하겠다. 생활문화재를 투시하는 통찰력이 예사롭지 않다.

이 「조각보」는 아픔의 조각들을 모아서 하나의 아름다운 모자이크 형태를 이루는 조화와 집합, 통일의 발상에서 기인된다 하겠다. 이 사물이 부부의 인연으로 연결되고 유추되면서 모성으로 귀결되는 심정세계가

문체를 살려내고 있다.

주인 잃은 놋숟가락 한 벌
고운 명주 천에 싸인 채
눈물로 세월을 보내고 있다.

전장에서 영영 소식 없어
할머님의 가슴에 자주 안겼지.

살아서 돌아오리라, 돌아오리라.
기원하신 할머님은
세월 흘러도 감감 소식에
가슴앓이 검은 속 태우시며
우리에게 하신 말씀 또 하신다.

살아오리라 믿었지만
하늘나라에서 만나셨는지
녹슨 숟가락만이 주인을 기다린다.

- 「놋숟가락」 전문 -

김상화 시인은 고풍스런 생활문화재에 특별한 관심을 보이고 있다. 여기에서도 놋쇠로 만든 수저에 애착을 보이고 있다. 그것은 단순한 식사 도구로서의 수저에 그치지 않고, 전장에서 돌아오지 못하여 주인을 잃은 놋쇠 수저를 애지중지하는 할머니의 슬픔의 징표徵表이기 때문이다.

의미 있는 사물을 포착하는 시선이 회화적이다. 김상

화 시인은 화가 시인답게 놋수저 한 벌에서 고인이 된 그 수저의 주인을 떠올린다. 세월이 흐른 후 녹이 슨 놋숟가락만이 주인을 기다린다고 했는데, 이는 바로 할머니의 기다림과 동일시되고 있다.

깨어진 잿빛 기왓장 주워서
돌멩이로 찧어 가루 만들어
지푸라기로 반짝반짝 빛나게 닦는다

할머니의 칭찬은
할머니의 간식인 엿이나 떡으로 대신한다.

아침에 비우고 밤에 채우는
놋요강은 밤사이에 사랑받는다.

작고 예쁜
증조할머니의 놋요강은
가래침 전용
큰 요강은 친할머니와 우리들 전용

황금빛 놋요강은 밤의 지킴이
세월이 흘러도 닦으면 빛나건만
증조할머님의 무덤은 풀만 무성하다.

– 「놋요강」 전문 –

이 「놋요강」은 「놋숟가락」이나 「조각보」와도 동류同類에 속한다. 「놋요강」 역시 좀처럼 보기 어려운 사물로 가정의 고풍스런 생활문화 재료라 하겠다. '황금빛 놋요강은 밤의 지킴이'라 했는데, 여기에서는 '밤'과 '가정'의 지킴이를 의미한다.

증조할머니가 놋요강에 가래침을 뱉었다는 것은 건강에 문제가 있음을 암시한다. 증조할머니가 사용하던 놋요강은 시간이 경과했어도 깨어진 기왓장 가루로 닦으면 빛나지만, 그 놋요강의 주인인 증조할머니는 무덤에 풀만 무성하다고 허무의식을 나타내고 있다.

유구한 세월에 시달려
바위의 모습이 구겨지고 바래져서

신비의 혼돈으로
세월을 머금은 주름살에 검버섯이 피었다.

세월의 무게만큼
검버섯은 이끼 낀 청태

어느새 수려한 바위산은
청태가 세월을 증언하고 있다.

우람하고 수려함을 자랑하던
바위산에 뿌리 뻗은 소나무

얼싸안고 포옹하며
천년의 분재를 이루었다.

꽃구름이 온 천지를 덮고
눈꽃들이 춤을 추며 바위산을 지난다.

소나무 분재는 암벽 끝에 좌정하고…

– 「바위산」 전문 –

사진작가의 카메라에 빗대어 말하기로 하자면, 줌렌즈를 장치하여 원근遠近을 조절하는 기교를 보이고 있다 하겠다. 현재의 촌음과 유구한 세월이라는 시간성을 두고, 거시적 망원경적 눈과 미시적 현미경적 눈을 동시에 작동시키고 있다. 그것은 우람하고 수려한 바위산과 퇴락한 이끼靑苔의 대조를 말한다.

여기에서 시간과 공간의 극한적 대조를 보이는 것은 회화적 통찰력에서 기인된 것으로 보인다.

김상화 시인은 서예부문에서 입선을 거쳐 특선에까지 오른 서예가인 동시에 화가로도 활약하고 있는 점을 감안한다면 이 시에서 시도하는 경외감과 함께 시공간적 확대와 축소의 능숙한 기교와 전이효과에 이해가 간다.

수억 연륜이
불의 알로 태어났다.

광부들은 산파인가
이마에 구슬땀을 흘린다.

불의 알은
용광로 불꽃으로 살아나
검붉은 화염으로 꽃핀다.

땅속에서 깨어난 검은 목숨들
세상을 따뜻하게 덥혀주며
붉은 혀를 드러낸다.

용광로에서 불알이 살듯
가슴속 불꽃은 꺼지지 않으리.

– 「석탄」 전문 –

사물의 통찰을 통한 미학적 인식이 뛰어나다. 검은 고체 덩이에 불과한 석탄에서 '불의 알'이라든지, '용광로 불꽃' '붉은 혀'까지 유추하면서 꺼지지 않는 '가슴속 불꽃'으로 승화시키는 그 창작의도가 놀랍다.

빛 잃은 무채색들이 모여진
주검들의 보관소
버려진 장기들이 널려 있다.

죽음에서 깨어나기를 기다리는 부속품
다시 찾을 부활을 숨죽이며
재생의 길을 꿈꾼다.

– 「고물상」 중 전반부 –

자동차 부속품들이 사람의 장기臟器들로 의인화되고

있다. 의학이 발달하여 장기이식이 보편화되어 가는 현실에서 이런 종류의 시가 나올 만도 하다고 여겨진다. 망가진 자동차의 폐품들이 제자리를 찾아가게 되면 다시금 살아날 수 있다고 하는 재생의지가 부활의 꿈으로 소생하는 새 소망의 빛살무늬를 보여주고 있다.

시인과 화가를 겸하는 작자의 시선은 따뜻하면서도 예리하다. 분해되어 있는 부속품들을 보면서 인체의 장기를 유추하고 재생을 꿈꾼다는 발상은 영생을 바라는 인류의 소망과 통한다.

우물 속에는
맑은 물이 있었네.

맑은 물을 길어 올리던
두레박이 있었네.

주인 잃은 철모로 만든
두레박이 있었네.

온가족이 퍼 올리던
귀한 젖줄이 있었네.

철모의 주인은
나라 위해 목숨 바친 국군아저씨
씩씩한 사나이 나라의 아들

주인 잃은 철모가 녹슬어 있었네.

세월과 함께 아픔을 견디면서
우물가 불두(佛頭) 곁에 녹이 슬어 있었네.

–「철모 두레박」 전문 –

전쟁이 휩쓸고 지나간 자리엔 그 부산물들이 파편처럼 남아 있기 마련이다. 김상화 시인은 그 중 하나의 편린을 포착하여 주의 깊게 통찰하고 있다. 나라를 위해 목숨을 바친 국군의 철모로 두레박을 만들어 샘물을 길어 올렸었는데, 세월이 흘러간 후에는 그 철모 두레박이 우물가 불두佛頭 곁에 녹이 슬어 있었다는 귀결은 독자로 하여금 옷깃을 여미게 한다. 여기에는 숭고한 비장미悲壯美가 내비치고 있기 때문이다.

철모는 희생된 국군과 동일시되고, 우물가 불두 곁의 철모는 불두로 하여금 경건성敬虔性이 살아나게 된다. 사물의 존재형태를 유심히 관찰함으로써 그 아픔의 연유를 캐어 들어가고 있다. 결말은 회화적 특징으로 구체적 형상화를 시도하고 있다. 불두와 철모가 같은 처지로서 상호 닮아 있다는 상사성相似性을 띄는 것도 은근한 재미를 넌지시 내비치고 있다 하겠다.

나이테가 없어서
항상 푸르른가.

마음을 비우고 살아서
항상 푸르른가.

하늘만 보고 살아서
항상 푸르른가.

푸르른 녹차향기에
온몸이 녹아내리는
절묘한 군자(君子)의 경지(境地)

온몸으로 자비 베풀어
천년이고 만년이고
장인의 손끝에 살아 숨쉬네.

―「대나무」 전문 ―

여기에 나오는 대나무는 단순한 나무의 일종으로서의 '대나무'가 아니고, 사군자四君子로서의 '대나무'를 의미한다. 그것은 품성이 군자와 같이 고결한 이미지를 살리고자 하는 창작의도에서 발현되는 구체적 형상화라 하겠다. 이 시가 언제나 청청하게 푸르기만 한 까닭은 나이테가 없으니 나이를 먹지 않고 젊기 때문인가 하는 의구심의 표현이라 하겠다. 또는 욕심이 없어서 젊은가 하는 질문을 던지기도 한다. 여기에서 '하늘만 보고 살아서 항상 푸른가.' 하고 푸름의 원인을 '하늘'에 돌리는데, 이는 단순한 허공으로서의 '하늘'에 그치지 않고, 그 허공과 더불어 신앙적 성스러움으로서의 하늘을 의미하기도 한다.

예쁜 조약돌 다섯 / 손재주를 키워주었다.

다섯 개의 손가락과 / 구슬처럼 예쁜 돌이 다섯

손바닥에서 손등으로 오르내리며 / 돌들은 높이뛰기 춤을 추었다.

하나 줍기… / 둘 줍기… // 친구들과 재미에 빠져 / 엄마가 부르는 소리에도 / 시간 가는 줄 몰랐는데 / 속에서 쪼르륵 소리가 났다.

공기놀이 하는 날은 혼나는 날 / 친구들이 그리워지는 / 동심의 세계로 / 가슴속 물안개 공깃돌이 구른다.

동심이 녹아 있는 시 「공기놀이」다. 유년시절의 친구들이 그리워지는 동심의 세계가 '공기놀이'라는 행동을 통하여 추억하고 있다. 배는 고파도 걱정이 없던 시절의 순후한 심정이 고스란히 스며 있는 작품이다. 이러한 동심은 「배가 부르다」에도 여실히 나타나 있다. 이 시에서는 들판의 황금물결을 보니 배가 부르다고 하는가 하면, 벼를 벨 때 술 주전자 들고 따라가 일꾼들 곁에서 밥 먹던 생각하면 배가 부르다고 했다. 동심과 농심이 배어 있는 작품으로 청운의 꿈에 부풀던 시절의 마음의 배가 부른 상태를 여실히 그려내고 있다.

메밀베개 베고 잠들면 / 안개 깔린 메밀 꽃밭을 거닌다.

달빛 별빛 동거하면 / 소금을 뿌린 듯

--- 중략 ---

밤마다, 밤마다 / 꿈속에서 반짝 반짝 / 소금밭 거닌다.

이 시 「메밀베개」는 메밀베개를 베고 잠이 들면 안개

처럼 하얗게 깔린 메밀꽃밭을 거닐게 된다는 발상이다. 그리고 그 꽃밭에 내려온 달빛과 별빛이 함께 살게 되고 아름답게 하모니 되는 그 대자연의 꿈자리는 밤마다 소금이 뿌려진 듯한 소금밭을 거닌다는 지고지미의 발상이 동심 시심으로 녹아들어 있다.

황금알 낳는 시어들이 / 제묶을 못 한 채 가방 속에서 뒹굴고 있다.

시어들은 서로의 인연을 찾지 못한 채 / 암벽 이리저리 발버둥친다.

아름다운 시어들이 궁합을 맞추기 위해 / 가방 속 메모지에 씨알을 뿌린다.

메모지를 놓치면 찰나의 인연을 놓치고 / 절망의 늪에서 방황한다.

시어들의 인연을 찾아 / 가방 속에서 정을 나누며 / 연금술로 잉태의 꿈을 키운다.

－「시어(詩語)」 전문 －

시어詩語가 가능한 사물들이 살아서 생동하고 있다. 시어의 다양한 특성들을 여실히 살려내고 있을 뿐 아니라 그 시어들의 만남과 생성 및 탄생이 실감 있게 표현되고 있다.

이제까지 김상화 시인의 시세계를 살펴보았다. 단적으로 말하자면 생활문화의 회화적 통찰이라 할 수 있다. 그가 우리 고유한 생활문화에 관심이 깊은 까닭은 향토정서의 물줄기가 깊고도 다양하다는 의미를 포함

한다. 그의 내면에는 향토서정의 컬러 필름이 내장되어 있어서 하찮은 헝겊들로 조합된 조각보에서도 신비스러운 프리즘이 굴절한다.

앞에서 전제한 대로 이 걸음으로 꾸준히 정진한다면 말없는 시라는 미술세계도 말하는 그림이라는 시가 도움을 주게 되어 시와 그림이 조각보처럼 그의 동심 시심이 아름다운 프리즘의 굴절을 통해서 진경을 보이리라 믿어 의심치 않는다.

김상화 시집 조각보 프리즘


초판인쇄 2013년 4월 22일
초판발행 2013년 4월 25일
지 은 이 김상화
발 행 인 황송문
펴 낸 곳 문학사계


주 소 서울특별시 영등포구 문래6가 56-1
미주프라자 B1 102호
전 화 070-8845-9759
(010)2561-5773
팩 스 (02)2676-9759
이 메 일 songmoon12@hanmail.net


등 록 2005년 9월 20일
제318-2007-000001호

값 7,000원
ISBN 978-89-93768-32-9 03810

배포처 자유문고 (02)2637-8988